Ich lerne Reiten

Helen Edom und Lesley Sims

Gezeichnet von Norman Young
Fotos von Kit Houghton

Ins Deutsche übertragen
von Elisabeth Boettcher und Fred Huber

2   Das brauchst du zum Reiten
4   Aufsitzen
6   Auf dem Pony sitzen
8   Die ersten Schritte
10 Das Pony richtig lenken
12 Traben
14 So steigst du ab
16 Fortgeschrittenes Reiten
18 Galoppieren
20 Springen
22 Spiele und Ausreiten
24 Im Stall
26 Pflegen
28 Aufsatteln
30 Absatteln
32 Sachregister

Das brauchst du zum Reiten

Dieses Buch wird dir helfen, sicher auf einem Pony zu sitzen: im Schritt, Trab und Galopp - und sogar beim Springen. Du lernst, deine Wünsche dem Pony verständlich zu machen, es richtig zu füttern und zu pflegen.

Deine Kleidung

Zieh bequeme Hosen und robuste Schuhe oder Stiefel an. Trag unbedingt einen Reithelm. Er schützt deinen Kopf, wenn du fällst. Die meisten Reitschulen können dir für deine ersten Stunden sicher einen Helm leihen.

Dies ist eine Schutzweste. Man trägt sie zum Springen.

Dein Reithelm hat einen Kinnschutz für sicheren Halt.

Trag Handschuhe, damit du deine Hände nicht aufscheuerst.

Schuhe mit Schnürsenkeln immer gut zubinden.

Sattel und Zaumzeug

Mit Sattel und Zaumzeug kann man ein Pony leichter reiten. Der Sattel ist eine Art Ledersitz auf dem Rücken des Ponys. Das Zaumzeug wird um den Kopf des Ponys gelegt. Es dient zum Steuern des Ponys. Manche Ponys tragen außerdem einen Halsriemen. Daran kannst du dich festhalten, wenn du aus dem Gleichgewicht kommst.

Das ist die Satteldecke. Sie macht das Tragen des Sattels für das Pony angenehmer.

Sattel

Halsriemen

Zaumzeug

Auf jeder Seite befindet sich ein Steigbügel.

Dies ist der Sattelgurt. Er wird um den Ponybauch herumgeführt.

Das ist das Gebiss, auch Trense genannt. Es wird ins Ponymaul hineingelegt.

Dies sind die Zügel.

Pass auf!

Geh immer vorne um das Pony herum, nicht hinten. Manche Ponys schlagen plötzlich aus.

Verschiedene Rassen und Farben

Ponys gibt es in vielen Farben. Hier ein paar Beispiele:

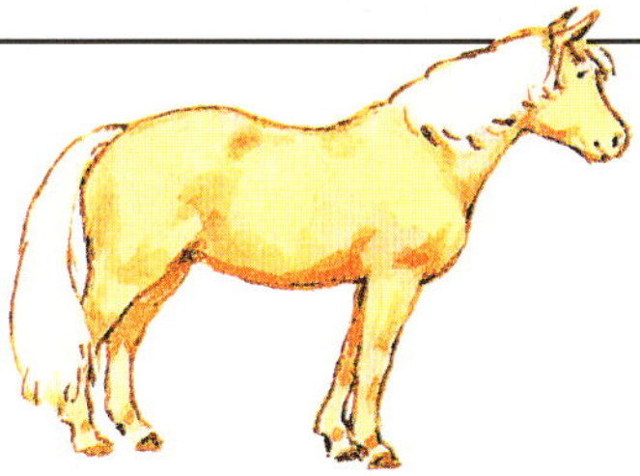

Palominos haben eine golde Farbe, Mähne und Schweif sind weiß.

Apfelschimmel sind weiß mit grauen Flecken.

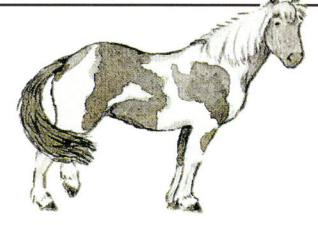

Schwarzschecken haben überall schwarze und weiße Flecken.

Auf ein Pony zugehen

Ein Helfer hält das Pony.

Die Schulter des Ponys ist direkt vor dem Sattel.

Ponys in der Reitschule sind an viele verschiedene Reiter gewöhnt.

Bevor du auf ein Pony zugehst, versuch herauszufinden, wie es heißt. Sprich seinen Namen leise aus und stell dich neben seine Schulter. Mach keine unvorhergesehenen Bewegungen, damit es nicht erschrickt. Du kannst das Pony am Hals streicheln. Viele mögen es auch, wenn man ihnen die Mähne krault.

Stell dich seitlich neben das Pony, dann wirst du nicht versehentlich getreten.

3

Aufsitzen

Lass dir das erste Mal auf das Pony hinaufhelfen. Später lernst du alleine aufzusitzen.

Ein Helfer hält dein Pony. Es könnte sonst schon losgehen, bevor du oben sitzt.

Vor dem Aufsitzen

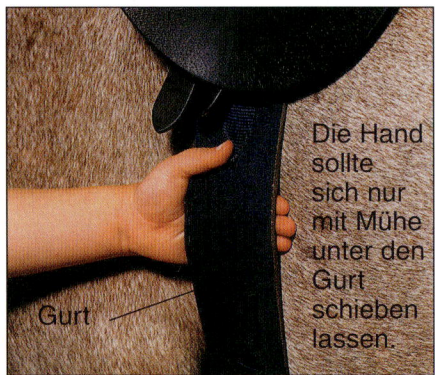

Gurt

Die Hand sollte sich nur mit Mühe unter den Gurt schieben lassen.

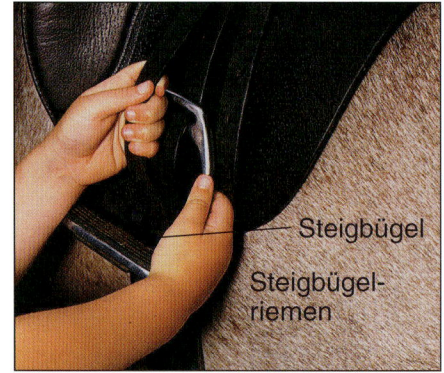

Steigbügel

Steigbügel-riemen

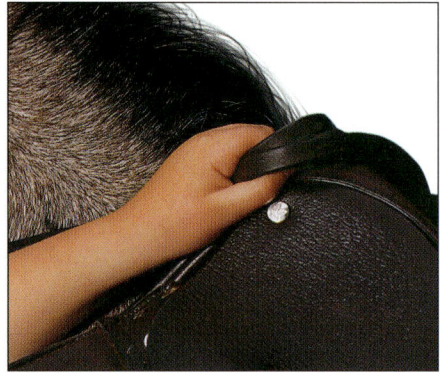

1. Sitzt der Gurt zu locker, kann der Sattel leicht ver-rutschen. Lass dir anfangs beim Festziehen helfen.

2. Zieh den Steigbügelriemen hinter dem Bügel hervor und lass den Steigbügel ganz nach unten rutschen.

3. Nimm die Zügel auf und halte sie in der linken Hand. Greif ruhig zusätzlich in die Mähne.

In den Sattel heben

1. Stell dich dicht vor die linke Schulter des Ponys. Nimm die Zügel in die linke Hand und leg diese auf den Hals des Ponys. Die rechte Hand legst du vorne auf den Sattel.

2. Winkle dein linkes Bein ab, damit der Helfer es halten kann. Er zählt bis drei, dann schiebt er dich hoch. Greif ruhig in die Mähne, es tut deinem Pony nicht weh.

3. Schwing dein rechtes Bein über den Rücken des Ponys und lass dich sanft in den Sattel gleiten.

Alleine Aufsitzen

1. Stell dich neben die linke Ponyschulter, mit Blick zur Kruppe. Nimm, wie vorher beschrieben, die Zügel auf und leg die Enden über den Hals, so behindern sie dich nicht.

2. Dreh den Bügel mit der rechten Hand zu dir und stell den linken Fuß hinein. Deine linke Hand bleibt auf dem Ponyhals, genau wie beim Aufsitzen mit einem Helfer.

3. Leg die rechte Hand vorne an den Sattel. Die Zügel bleiben in der linken Hand, während du auf einem Fuß nach rechts hüpfst, bis du dem Sattel gegenüberstehst.

Große Ponys

4. Nun spring mit dem rechten Bein ab und zieh dich hoch, bis du mit dem linken Fuß im Steigbügel stehst. Halt dich dazu vorne am Sattel fest.

5. Schwing dein rechtes Bein über den Sattel und lass die rechte Hand los. Lass dich wieder sanft in den Sattel gleiten, so dass du dem Pony nicht weh tust.

Du kommst leichter auf ein großes Pony, wenn du auf einer stabilen Kiste oder einem Strohballen stehst.

Auf dem Pony sitzen

Wenn du zu reiten beginnst, führt ein Helfer dein Pony. So lernst du sicher zu sitzen, ohne das Pony selbst lenken zu müssen.

Entspannt sitzen

Setz dich in die Mitte des Sattels. Lass die Beine locker herabhängen, so dass ihr Hauptgewicht im Bügel ruht. Winkle deine Ellbogen ab und leg sie leicht am Körper an. Die Hände sind genau über dem Hals des Ponys. Versuch so zu reiten, bevor du selbst die Zügel aufnimmst.

Sitz gerade! Kopf, Hüfte und Absätze sollten eine gerade Linie bilden.

Wenn du dich unsicher fühlst, halt dich am Halsriemen oder am Sattel fest.

Deine Absätze sollten etwas tiefer als deine Fuß- spitzen sein.

Der Helfer hält dein Pony an einem Führzügel.

Zügel verknoten

Verknote am Anfang die Zügel, damit sie dich nicht stören.

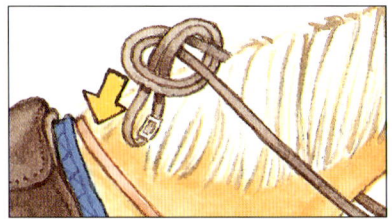

Steigbügel

Heb deine Beine etwas an und stell deine Füße in die Steigbügel.

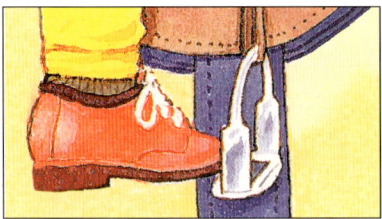

Versuch das zu machen, ohne hinunterzusehen.

Der Bügel kommt an die breiteste Stelle des Fußes.

Steigbügel einstellen

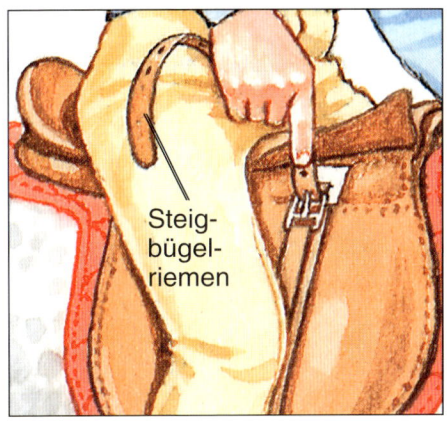

1. Um den Steigbügel richtig einzustellen, nimm das Ende des Steigbügelriemens, zieh es hoch und öffne die Schnalle mit deinem Finger.

2. Zieh den Riemen an oder lockere ihn, bis der Bügel auf der richtigen Höhe sitzt. Mach das mit einer Hand und lass dabei den Fuß im Bügel.

3. Leg das Ende des Riemens unter dein Bein. Prüf nach, ob der Riemen glatt liegt - er könnte sonst am Bein scheuern.

Teste dein Gleichgewicht

Mach diese Gleichgewichtsübungen, während jemand dein Pony hält.

Dein Lehrer wird dir sagen, wo dein Pony am liebsten gekrault wird.

Versuch deine Beine bei der Übung ruhig zu halten.

Berühre mit beiden Händen zunächst deine Knie und dann die Zehenspitzen. Setz dich wieder gerade hin und leg die Hände hinter den Sattel.

Eine Hand streicht über den Ponyhals. Schau, wie weit du nach vorne kommst. Es wird immer besser gehen.

Streck deine Arme und dreh dich so, dass eine Hand nach vorne zeigt, die andere zum Schweif. Dann mach das Ganze andersherum.

Die ersten Schritte

Im Schritt setzt das Pony einen Fuß nach dem anderen auf. Die Bewegung kannst du beim Reiten spüren.

Solange du noch geführt wirst, brauchst du keine Zügel.

Sitz locker und entspannt, nicht steif.

Sitz ruhig und mach dich so groß, wie du kannst. Dann fühlt sich das Pony unter dir wohl.

Wenn du unruhig oder nach vorne gebeugt sitzt, ist das für dein Pony unangenehm.

Versuch auch beim Anreiten und Halten immer gut im Gleichgewicht zu bleiben! Als Hilfe benütz den Halsriemen.

Verbessere dein Gleichgewicht

Es gibt verschiedene Übungen, mit denen du dein Gleichgewicht weiter verbessern kannst. Frag erst, ob du sie machen darfst, während dein Pony Schritt geht.

Streck deine Arme gerade nach vorne und versuch große Kreise in die Luft zu malen.

Hände auf den Helm legen, auf deine Knie und dann hinter dem Hals verschränken.

Zügelhaltung

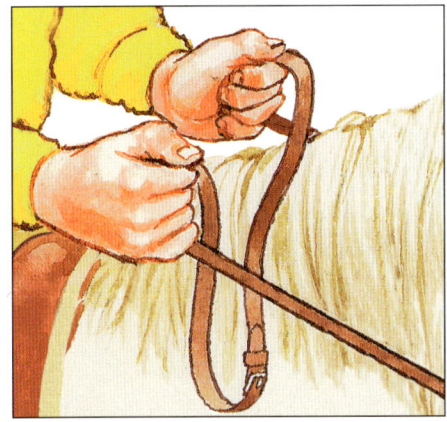

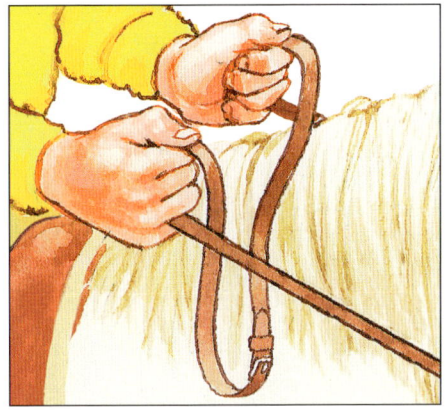

Erfühle deine Verbindung zum Pferdemaul.

Wenn du dein Gleichgewicht halten kannst, lernst du die Zügel richtig aufzunehmen. Nimm sie in die Fäuste und leg die Daumen oben darauf.

Dann leg deinen kleinen Finger unter die Zügel und halte die Faust geschlossen. Halt deine Hände auf gleicher Höhe.

Denk immer daran, dass die Zügel zu einem Metallgebiss führen! Du kannst dein Pony im Maul verletzen, wenn du nicht vorsichtig bist.

Übung zu Hause

Stell zu Hause zwei Stühle hintereinander auf. Bind ein langes Seil links und rechts an die Lehne des ersten. Mit Gefühl ziehen, sonst kippt der Stuhl um.

Wie lange brauchst du, um „die Zügel" richtig aufzunehmen?

Die Reitbahn

Es ist am besten, das Reiten auf einem abgeschlossenen Platz, der Reitbahn, zu beginnen. Dein Reitlehrer steht in der Mitte und sagt dir, was du tun sollst. Vielleicht nimmt er dich auch an die Longe.

An der Longe geht das Pony in einem Kreis um den Reitlehrer herum.

Dein Reitlehrer wird dich auch ohne Zügel und Bügel reiten lassen. So lernst du im Gleichgewicht zu sitzen.

Das Pony richtig lenken

Du kannst einem Pony mit deiner Stimme, den Beinen und den Händen sagen, was es tun soll. Wenn du deine Hilfen ganz klar geben kannst, dann wirst du selbstständig reiten können.

Bring dein Pony zum Gehen

Treib so an.

Wenn du anreitest, versuch ruhig und gerade zu sitzen.

Drück beide Beine gegen den Ponykörper, d.h. gib treibende Hilfen, wenn du anreiten oder schneller reiten willst. Es hilft auch, mit fester Stimme: „Geh!" zu sagen. Zieh nicht am Zügel, wenn das Pony sich in Bewegung setzt.

Zügel verkürzen

Es ist schwer, richtige Hilfen zu geben, wenn deine Zügel zu lang sind. Nimm Daumen und Zeigefinger der einen Hand zur Hilfe, um den Zügel der anderen zu verkürzen.

Diese Hand bewegt sich nicht.

Diese Hand zieht, „nimmt auf".

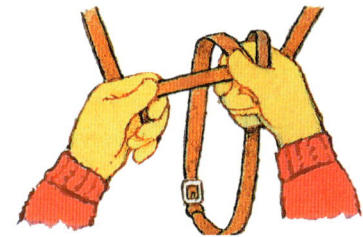

Der Zügel gleitet hindurch.

Bring dein Pony zum Halten

Immer nur kurz am Zügel ziehen.

Wenn du am Zügel ziehst, drückt das Gebiss im Ponymaul.

Setz dich gerade hin und schließ kurz deine Beine am Körper des Ponys. Geh mit deinen Händen zurück, um die Zügel zu straffen. Lockere die Zügel wieder. Straffe und lockere sie dann so lange, bis das Pony steht.

Dieser Reiter übt Halten und Wenden.

Die Richtung wechseln

Linkswendung

Rechtswendung

Willst du nach links abwenden, nimm deine linke Faust etwas zurück, geh gleichzeitig mit der rechten Hand etwas vor. Jetzt kann das Pony den Hals biegen.

Hier nimmst du deine rechte Hand zurück. Gerade sitzen! Wenn du abwendest, halt dein Pony in gleichmäßiger Bewegung. Treib mit beiden Beinen.

Geschicklichkeitsübungen

Dein Lehrer kann dir mit Kegeln einen Kreis abstecken. Übe Wendungen, reite in Schlangenlinien um die Kegel herum oder umrunde sie einmal ganz.

Schau immer in die Richtung, in die du reitest.

Nimm den Zügel nur leicht an und zieh dem Pferd nicht im Maul.

Reite die Wendungen so sanft wie möglich.

Spiel: Geheime Schritte

Zieh zwei Linien. Ein Freund steht hinter der vorderen Linie, mit dem Rücken zu den Reitern. Die Reiter stellen sich hinter der anderen Linie auf.

Die zwei Linien sollten ungefähr 15 Meter auseinander liegen.

Der Freund zählt laut bis zehn und die Reiter gehen los und versuchen so weit wie möglich in seine Richtung zu kommen. Bei zehn dreht sich der Freund um. Wer sich dann noch bewegt, muss zurück zum Start. Dann dreht er sich wieder um und zählt weiter. Der erste Reiter, der ihn erreicht, ist Sieger.

Traben

Wenn das Pony trabt, bewegt es immer zwei Beine gleichzeitig. Deshalb wird man im Trab mehr durchgerüttelt als im Schritt.

Probier aus, ob du dich mit verschränkten Armen auf und ab bewegen kannst.

Verknote deine Zügel, damit sie nicht stören.

Wenn du zum ersten Mal trabst, führt dich ein Helfer. So kannst du ruhig sitzen und dich am Sattel festhalten. Man nennt dies „aussitzen". Zähl „eins-zwei", im Rhythmus der

Bewegung. Traben ist leichter, wenn du dich auf und ab bewegst. Hast du dich schon an den Trab gewöhnt, üb Leichttraben zuerst im Stand.

Zum Aufstehen lehnst du dich etwas nach vorne, um deinen Po aus dem Sattel zu heben. Setz dich anschließend möglichst sanft wieder in den Sattel.

Leichttraben

Benütz den Halsriemen als Hilfe.

Nicht zu hoch aus dem Sattel bewegen.

Nicht am Zügel festhalten und ziehen

Dann versuch im Trab aufzustehen. Zähl wieder „eins-zwei" im Rhythmus. Steh bei „eins" auf.

Setz dich bei „zwei" in den Sattel, aber heb deinen Po beim nächsten Schritt schon wieder nach oben.

Wenn du dich gleichmäßig im Takt auf und ab bewegst, kannst du die Zügel aufnehmen und dein Pony selbst lenken.

Wechsel vom Schritt zum Trab

Du brauchst zum Traben kürzere Zügel, da das Pony den Kopf höher trägt. Verkürze sie, bevor du das Pony antraben lässt.

Treib auf beiden Seiten mit den Beinen und sag aufmunternd: „Te-eerab". Die ersten Schritte aussitzen, dann erst leichttraben.

Zurück zum Schritt musst du aussitzen und die Beine schließen. Die Zügel annehmen und wieder locker lassen, bis das Pony Schritt geht.

Tipp

Manche Ponys sind schwer auszusitzen. Halt dich mit einer Hand vorne am Sattel fest, damit du tief im Sattel sitzen bleibst.

Trabfiguren

Willst du Wendungen üben, bitte deinen Lehrer Plastikkegel aufzustellen. Versuch dein Pony im Trab durch jedes Kegelpaar zu lenken. Geh zum Anfang zurück, wenn du ein Tor verpasst.

Dirigier dein Pony mit den Zügeln, während du es mit den Beinen treibst, um es im Trab zu halten.

Reite ein ruhiges, gleichmäßig Tempo.

So steigst du ab

Hier lernst du richtig abzusitzen und ein Pony sicher zu führen. Das Pony soll ruhig stehen, bevor du beginnst.

Übe Auf- und Absitzen von beiden Seiten.

Absitzen

Das rechte Bein gut hochschwingen, Oberkörper nach vorne.

Lass dein Bein ausgestreckt, sonst bleibst du am Sattel hängen.

1. Nimm die Füße aus den Steigbügeln und die Zügel in die linke Hand. Leg die linke Hand auf den Hals des Ponys, so wie auf dem zweiten Bild.

2. Leg deine rechte Hand vorne auf den Sattel. Dann beug dich nach vorn und schwing dein rechtes Bein über den Sattel.

3. Lass deine linke Hand am Zügel, wenn du abspringst. Pass auf, dass dein rechtes Bein nicht die Kuppe des Ponys berührt.

Steigbügel hochschieben

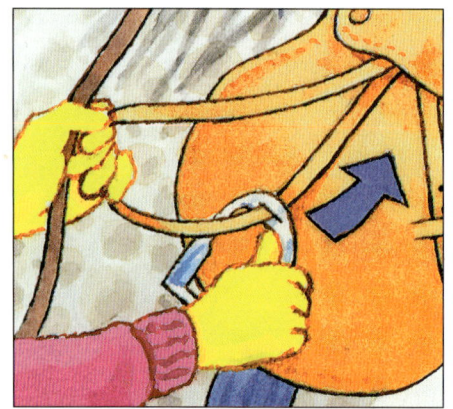 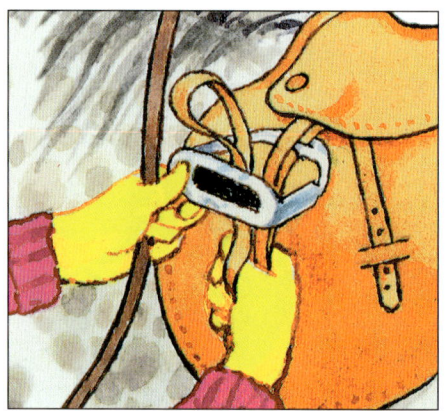 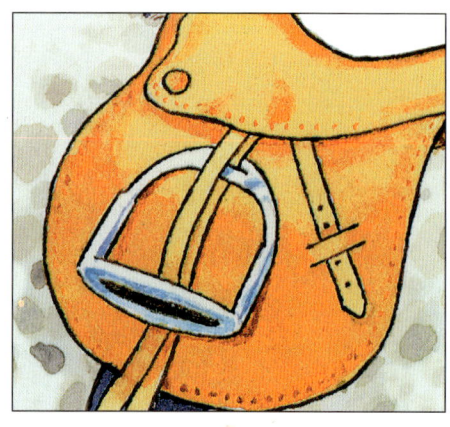

Schieb den Bügel an der inneren Seite des Steigbügelriemens hoch.

Bevor du dein Pony wegführst, schieb die Steigbügel hoch. Halt die Zügel fest, während du den Bügel nach oben schiebst.

Denk daran, die Zügel die ganze Zeit über festzuhalten.

Nimm den Bügel in die linke Hand zu den Zügeln. Die rechte Hand steckt den Riemen von vorne nach hinten durch den Bügel.

Die Bügel müssen immer oben sein, sonst schlagen sie gegen den Körper des Ponys.

Wenn du fertig bist, müssen beide Bügel so aussehen. Das Spiel „Die Reise mit Musiksack" ist gut, um das zu üben.

14

Das Pony führen

Stell dich an die linke Seite des Ponys und zieh die Zügel über seinen Kopf nach vorne. So kannst du das Pony leichter führen.

Mit der rechten Hand hältst du beide Zügel dicht am Pferdemaul. Nimm die Zügelenden in die linke Hand, damit ihr, du und dein Pony, nicht darüber stolpert.

Sag „Marsch" und fang an zu gehen. Das Pony sollte dann neben dir hergehen. Sag ruhig „Ha-aalt" und bleib stehen, wenn das Pony anhalten soll.

Bleib immer neben der Ponyschulter.

Tipp	Wickle nie die Zügel um deine Hand, sonst kannst du sie nicht schnell genug loslassen, wenn es darauf ankommt.

Spiel: Die Reise mit Musiksack

Die Spieler müssen ihre Steigbügel hochschieben, bevor sie ihre Ponys führen.

Du kannst das Spiel mit Freunden und deinem Reitlehrer oder einem Helfer spielen. Du brauchst dazu ein Radio und einige Säcke. Der Helfer legt Säcke auf den Boden, einen Sack weniger als Reiter mitmachen. Die Mitspieler reiten umher, während die Musik spielt. Wenn der Helfer die Musik abstellt, steigen alle ab, schieben die Bügel hoch und führen ihr Pony zu einem Sack. Wer keinen Sack erwischt, muss ausscheiden.
Dann wird ein Sack entfernt und das Spiel geht weiter, bis nur noch ein Spieler übrig ist. Der hat dann gewonnen.

Fortgeschrittenes Reiten

Du brauchst viel Praxis, um ein guter Reiter zu werden und ein Pony so zu reiten, dass es alles macht, was du willst. Geregelte Reitstunden in der Bahn sind dazu wichtig.

Hufschlagfiguren

Der Reitlehrer hat spezielle Kommandos, um euch zu sagen, was ihr tun sollt. „Ganze Bahn" heißt, am Rand um die Reitbahn herum, auf dem äußeren Hufschlag, zu reiten. Wenn du links herum gehst, bist du auf der „linken Hand". Rechts herum heißt „rechte Hand".

Auf der linken Hand beginnen alle Übungen nach links.

Aufstellen

Beim Kommando „Aufstellen" wendet jeder sein Pony auf die Mittellinie ab und bleibt dort in einer Reihe stehen.

Die Reitgerte

Die Gerte liegt am Oberschenkel an.

Als guter Reiter kannst du eine Reitgerte benützen. Setz sie nur ein, wenn dein Pony nicht auf deine Hilfen reagiert.

Sie erinnert dein Pony daran, auf deine Hilfen zu hören.

Nimm die Zügel in die eine Hand. Mit der Gerte in der anderen tippst du das Pony leicht hinter deinem Bein an.

Daran musst du denken

Das ist der richtige Sicherheitsabstand zwischen Ponys.

Das ist zu dicht.

Wenn du abwendest, drück den „inneren" Schenkel ans Pferd und biege es etwas nach innen.

Hältst du den richtigen Abstand ein, siehst du durch die Ohren deines Ponys die Hinterhand des Ponys vor dir.

Sitz ruhig, Kopf, Schulter und Absätze bilden eine gerade Linie. Gebrauch die korrekten Hilfen, um das Pony gleichmäßig in Bewegung zu halten.

Reite die Ecken sauber aus. Dein innerer Schenkel kann durch Druck verhindern, dass dein Pony die Ecke abkürzt.

Halt immer eine Pferdelänge Abstand zu dem Pony vor dir. Jedes Pony kann ausschlagen, wenn du zu nah aufreitest.

Schau dir die Buchstaben an

Die Buchstaben markieren Bahnabschnitte. Stellt der Reitlehrer eine Aufgabe an einem bestimmten Buchstaben, musst du deinem Pony frühzeitig Hilfen geben.

Reitkleidung

Diese Sachen kannst du kaufen, wenn du viel reiten möchtest. Du kannst sie oft auch gebraucht in Reitschulen bekommen.

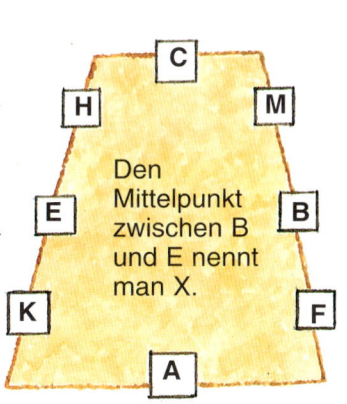

Den Mittelpunkt zwischen B und E nennt man X.

Dein Pony sollte genau dann gehorchen, wenn seine Schultern auf Höhe des Buchstabens sind.

Reit-Stiefeletten sind robust und bequem.

Hohe Reitstiefel eignen sich besser als normale Gummistiefel.

Reithosen sind elastisch und mit Lederpolstern an den Innenseiten, damit sie nicht so schnell abnutzen.

Galoppieren

Wenn du dein Pony im Trab gut beherrschst, kannst du lernen zu galoppieren. Galopp ist schneller als Trab, aber du wirst weniger durchgeschüttelt.

Das Pony zum Galopp bringen

1. Beginn den Galopp in einer Ecke der Bahn. Reite gleichmäßig im Trab an die Ecke heran.

Versuch gerade, aber nicht steif zu sitzen.

Dein äußerer Schenkel ist der Bahnumrandung am nächsten. Leg ihn zum Angaloppieren eine Handbreit hinter den Gurt, so wie hier.

Üb Galopp auf beiden Händen. So ist jedes deiner Beine einmal das äußere.

Zum Angaloppieren mit dem inneren Schenkel am Gurt treiben.

2. Zum Angaloppieren nicht leichttraben! Nimm deinen äußeren Schenkel leicht zurück.

3. Treib mit dem inneren Schenkel und sag „Gaa-lopp". Das Pony scheint im Galopp vor- und zurückzuschaukeln.

4. Sitz gerade und lass deine Hände im Rhythmus mitgehen, damit die Zügel nicht im Maul ziehen.

Wie ein Pony galoppiert

Der „führende" Fuß ist der vorderste, wenn er am Boden aufkommt.

Wenn das Pony galoppiert, machen die Füße einen „Dreitakt": Zuerst setzt das Pony einen Hinterfuß auf.

Dann setzt das Pony den anderen Hinterfuß gleichzeitig mit dem gegenüberliegenden Vorderfuß auf.

Zuletzt setzt das Pony seinen anderen Vorderfuß auf, den führenden Fuß. Dieser berührt immer als letzter den Boden.

Vom Galopp zum Trab

Es ist am einfachsten, auf der Geraden zum Trab „durchzuparieren".

Zum Durchparieren erst Zügel verkürzen (siehe Seite 10). So versteht das Pony deine Zügelhilfen besser im Maul. Dann schließ kurz deine Beine und sag ruhig „Te-eerab".

Sicherheit bekommen

Wenn du ruhig und entspannt sitzt, galoppiert auch dein Pony ruhiger.

Wenn du das Gefühl hast, du kippst nach vorn, halt dich am Sattel fest und setz dich wieder gerade hin.

Bis du problemlos galoppierst, ist es einfacher, nur ein paar Galoppsprünge zu machen. Am Anfang kannst du beide Zügel in die äußere Hand nehmen und dich mit der inneren am Sattel festhalten.

Beinschwünge

Halt die Zügel in einer Hand.

Du kannst üben, mit einem Bein zu schwingen, während das Pony Schritt geht. Nimm deine Füße aus den Steigbügeln und schlag die Bügel vor dem Sattel über. Dann schwing ein Bein vom Knie aus vor und zurück. Halte das andere Bein ganz ruhig.

Unfolgsame Ponys

Manche Ponys verfallen nur in schnelleren Trab, wenn du angaloppieren willst. Passiert dies, parierst du dein Pony wieder durch und versuchst es in der nächsten Ecke noch einmal.

Ein schwieriges Pony galoppiert eventuell leichter an, wenn du ihm die Hilfen genau dann gibst, wenn es über eine Stange trabt.

Dein Reitlehrer legt eine Stange quer in die Ecke.

19

Springen

Wenn ein Pony springt, fühlst du, wie der Hals lang wird und es nach oben und vorwärts springt. Du kannst leichter dein Gleichgewicht halten, wenn du dich beim Sprung nach vorne lehnst. Man nennt dies den „Sprungsitz".

Den Sprungsitz üben

Du kannst den Sprungsitz üben, während dein Pony still steht. Halt deinen Rücken gerade und lehn dich ab der Hüfte nach vorne. Man sagt dazu vorbeugen, in den „Leichten Sitz" gehen. Schieb deine Absätze nach unten. Wenn das schwierig ist, musst du deine Bügel um ein bis zwei Loch verkürzen.

Dein Po kann etwas in den Sattel zurückrutschen.

Deine Knie bleiben am Sattel.

Leichter Sitz

Den Rücken gerade halten.

Ab der Hüfte nach vorne beugen, nicht nur den Rücken.

Um den Sprungsitz einzunehmen, musst du auch dein Gesäß etwas anheben. Dann hast du die richtige Position, um die Balance beim Sprung zu halten. Du kannst diese Position zuerst auch ohne Pony üben.

Über Stangen treten

Reite genau in der Mitte über die Stangen.

Geh über den Stangen in den Leichten Sitz, den Sprungsitz.

Reite im Schritt und im Trab über Stangen. Geh dabei in den Leichten Sitz. Das Pony streckt seinen Hals, wenn es über die Stangen tritt. Lass deine Hände zum Pferdemaul gleiten, damit die Zügel nicht am Pferdemaul zerren.

Ein Hindernis anreiten

Reite gerade auf die Mitte des Hindernisses zu.

Wenn du im Stangentreten sicher bist, kannst du im Trab über einen kleinen Sprung gehen. Im gleichmäßigen Tempo das Hindernis anreiten.

Lehn dich leicht vor, aber bleib im Sattel sitzen, bis dein Pony abspringt.

Ein Hindernis springen

Wenn das Pony abspringt, musst du deinen Körper aus dem Sattel heben.

Mach keinen Buckel.

Deine Hände gehen ein ganzes Stück am Hals nach vorne.

Lass immer deine Absätze unten.

1. Wenn das Pony abspringt, lehn dich noch etwas mehr nach vorne. Drück deine Absätze nach unten und lass deine Beine fest am Pony.

2. Schau geradeaus und geh mit deinen Händen nach vorne, damit das Pony seinen Hals über dem Hindernis gut strecken kann.

3. Wenn dein Pony den Boden berührt und du im Sattel landest, setz dich wieder aufrecht hin. Zeig deinem Pony gleich, wohin du jetzt reiten willst.

Spiele und Ausreiten

Wenn du schon ein erfahrenerer Reiter bist, gibt es viele verschiedene Dinge, die dir mit deinem Pony Spaß machen werden.

Ausreiten

Ins Gelände gehen heißt ausreiten. Beim ersten Mal kann dich ein anderer Reiter am Führzügel nehmen, bis du dein Pony beherrschst. Wenn du auf einer Straße bist, reite an der Seite, damit dich Autos überholen können. Es ist schöner und auch sicherer, entlang von Wiesen oder auf Feldwegen zu reiten. Unterrichten kann dein Lehrer auch bei einem Ausritt.

Grasende Ponys

Graszügel

Manchmal bleiben Ponys einfach stehen und grasen. Treib sie energisch mit beiden Beinen weiter. Zieh, wenn nötig, an einem Zügel den Kopf hoch.

Wenn das nicht funktioniert, kann ein extra Riemen zwischen Gebiss und Sattel befestigt werden. Man nennt das Graszügel. Das Pony kann damit den Kopf nicht zum Grasen senken.

Die Belohnung

Halte die Belohnung auf der flachen Hand.

Wenn du mit deinem Pony zufrieden bist, kannst du ihm einen Apfel oder eine Karotte als Belohnung geben. Aber frag immer zuerst den Reitlehrer um Erlaubnis.

Reiterspiele

Auf Pferdeveranstaltungen kann man Reiterspiele für Ponys sehen. Gibt es in deiner Nähe einen Reitverein, der so etwas anbietet?

Ein Spiel ist z.B. Sackhüpfen. Dabei musst du mit deinem Pony schnell zu einer Reihe von Säcken reiten. Steig ab und schlüpf in einen Sack hinein. Dann führ dein Pony hüpfend zurück zum Start.

Du kannst die Bügel vor dem Sattel kreuzen. Dann schlagen sie nicht gegen das Pony. Man sagt dazu: Bügel überschlagen.

Slalomreiten

Jedes Pony
hat seine eigene
Art, um die Stangen zu reiten..

Du lenkst dein Pony links und rechts um die Stangen herum. Dreh um die letzte Stange und reite das Ganze zurück zum Start.

Flaggenrennen

Jeder hat seine eigenen Flaggen und einen Behälter.

Ihr reitet zu den Flaggen, nehmt eine, reitet zurück und stellt sie in den Eimer. Gewinner ist, wer alle seine Flaggen zuerst im Eimer hat.

Schleifen

Wenn du Glück hattest, gewinnst du vielleicht eine Schleife. Aber auch wenn du Letzter wirst, vergiss nicht, dein Pony für seinen Einsatz zu belohnen.

23

Im Stall

Die meisten Ponys stehen einen Teil des Tages im Stall. Den Rest des Tages werden sie geritten oder gehen auf die Koppel.

Im Stall helfen kannst du auch als Reitanfänger.

Ein Ponystall

In vielen Reitställen ist die Stellfläche für die Ponys in kleine Kammern unterteilt, die man Boxen nennt. Das Pony hat nicht viel Platz, um sich zu bewegen.

In anderen Ställen haben die Ponys richtige „kleine Zimmer". Das Pony kann sich darin gut bewegen und auch hinlegen. Neugierig blicken die Ponys zum Fenster heraus.

Ponys stehen gerne im weichen Strohbett. Schmutziges Stroh und Pferdemist werden jeden Tag mit einer Schubkarre herausgenommen. Das nennt man Ausmisten.

Was ein Pony so frisst

Ponys wollen außer Gras auch anderes Futter. Hier siehst du, was sie gerne fressen:

Ponys brauchen stets klares Wasser.

Pellets oder Cops sind aus gepresstem Gras und Getreide.

Heu ist getrocknetes Gras. Oft kommt es in Heunetze und wird im Ponystall aufgehängt.

Haferkörner mögen alle Pferde gern.

Kleie wird aus Weizen gemacht.

Ponys werden leicht krank, wenn sie zu viel fressen. Also gib ihnen nie etwas ohne Erlaubnis.

Ponys einfangen

Wenn du ein Pony von der Koppel holen sollst, brauchst du ein Halfter. Nimm es mit auf die Koppel und leg dem Pony zuerst den Führstrick über den Hals.

Führstrick

Nasenriemen

Kopfstück

Lass dir beim ersten Mal helfen.

Der Nasenriemen sitzt locker auf der Mitte der Nase.

Halte den Führstrick, wenn dein Pony weglaufen will.

1. Ruf den Namen des Ponys, geh ruhig auf es zu und stell dich neben seine Schulter. Leg den Führstrick um seinen Hals.

2. Schieb den Nasenriemen über die Ponynase und befestige das Kopfstück hinter den Ohren.

3. Nun nimm den Strick vom Hals. Nimm ihn korrekt in die Hand und sag: „Komm!" Dann führ das Pony in seinen Stall.

Richtig anbinden

Die meisten Ställe haben Metallringe in der Wand. Du kannst dein Pony dort anbinden.

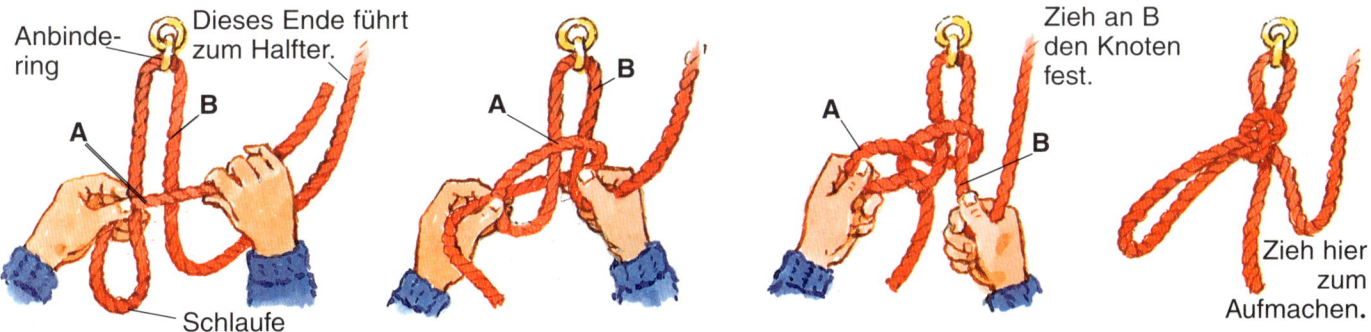

Anbindering

Dieses Ende führt zum Halfter.

B

A

Schlaufe

B

A

A

B

Zieh an B den Knoten fest.

A

B

Zieh hier zum Aufmachen.

Schieb den Führstrick durch den Ring. Leg ihn in eine Schleife. Teil A liegt quer über Teil B. Teil A wird hinter Teil B

und dann hinter die Schleife gelegt. Zieh Teil A in die Schleife rein, so dass eine neue Schleife entsteht. Zieh an Teil B

den Knoten fest. Zum Öffnen ziehst du am freien Strickende. Dieser Knoten lässt sich im Notfall schnell öffnen.

Pflegen

Ponys müssen gebürstet werden, damit sie sauber und gesund bleiben. Man nennt dies striegeln. Bevor du beginnst, binde dein Pony an, damit es still steht.

Was du brauchst

Hier sind einige Sachen, die du brauchst, um ein Pony zu pflegen. Lass dir beim ersten Mal alles von deinem Lehrer erklären. Du kannst alles in solch einer Putzbox verstauen.

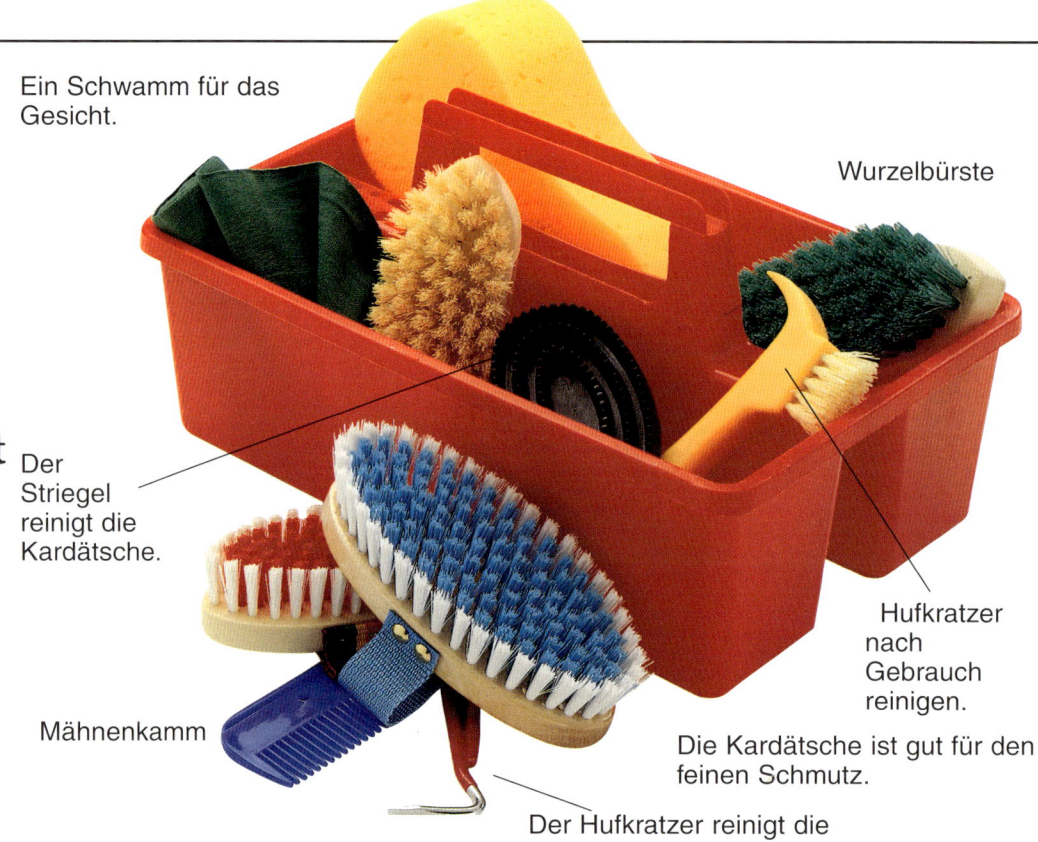

Ein Schwamm für das Gesicht.

Wurzelbürste

Der Striegel reinigt die Kardätsche.

Hufkratzer nach Gebrauch reinigen.

Mähnenkamm

Die Kardätsche ist gut für den feinen Schmutz.

Der Hufkratzer reinigt die Füße des Ponys.

Hufe auskratzen

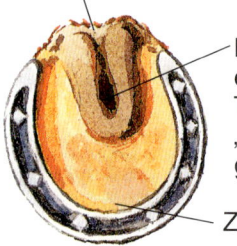

Ferse (Ballen)

Der größte Teil der Innenseite ist hartes Horn.

Dieser empfindliche Teil wird „Strahl" genannt.

Zehe

Das Hufeisen schützt den Huf vor Abnutzung.

Ein Ponyfuß oder -huf ist etwas ausgehöhlt, es kann Schmutz hineinkommen. Das Bild oben zeigt die Unterseite eines Hufes.

Streich von oben nach unten am Bein entlang.

Um den Huf auszukratzen, bitte dein Pony, den Fuß zu heben. Streich mit deiner Hand am Bein hinunter und sag „Fuß".

Halt den Huf gut fest.

Führ den Hufkratzer neben dem Strahl von der Ferse zum Zeh, um den Schmutz zu entfernen. Pass auf, dass du nicht in den Strahl stichst.

Ein Pony striegeln

Versorg dein Pony sofort nach dem Reiten, wenn es geschwitzt hat.

Du kannst mit und gegen die Fellrichtung bürsten.

Streif die Kardätsche am Striegel ab.

Bevor du anfängst, prüf, ob das Pony sich irgendwo verletzt hat, und sag es einem Helfer. Rubble den Schmutz mit der Wurzelbürste und dem Striegel heraus.

Sei vorsichtig: Nicht die Augen und Nüstern verletzen!

Für den Kopf sind diese Bürsten zu hart. Fahr mit der Kardätsche in langen Strichen über den ganzen Ponykörper. Mit leichtem Druck in Fellrichtung bürsten.

Halt den Striegel in der anderen Hand. Reinige die Kardätsche immer wieder, indem du sie über den Striegel streifst.

Wasserabweisendes Fell

Nimm Mähne und Schweif ruhig fest in die Hand. Ponys mögen das.

Stell dich seitlich, wenn du den Schweif bürstest.

Auf der Weide kraulen sich Ponys gerne gegenseitig mit ihren Lippen und Zähnen.

Putz den Kopf mit einer ganz weichen Kardätsche. Du kannst die Hand leicht auf die Nase des Ponys legen, damit es den Kopf ruhig hält.

Bürste Mähne und Schweif mit der Kardätsche. Nimm immer nur ein paar Haare auf einmal. Sind sie sehr verwirrt, zieh sie vorsichtig auseinander.

Viele Ponys sind nachts draußen. Natürliche Öle in ihrem Fell halten sie warm und trocken. Solche Ponys werden nur selten geputzt, um diesen natürlichen Schutz zu erhalten.

Aufsatteln

Sattel und Zaumzeug auflegen heißt aufzäumen. Dazu brauchst du viel Routine, also lass dir helfen, solange du noch lernst.

Ein gut sitzender Sattel drückt weder auf die Wirbelsäule noch auf die Schultern.

Den Sattel auflegen

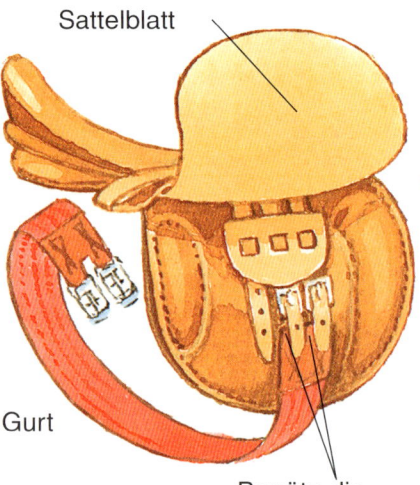

Sattelblatt

Gurt

Benütz die ersten beiden Strippen.

1. Heb zuerst das Sattelblatt auf der rechten Sattelseite. Vergewissere dich, dass das eine Ende des Gurtes an den Riemen darunter befestigt ist.

Den Sattel von vorne nach hinten auflegen, damit die Haare glatt liegen.

Beide Bügel sollten oben sein (siehe Seite 14).

2. Leg den Gurt über den Sattel. Dann heb den Sattel über die Ponyschulter und schieb ihn an seinen Platz.

Willst du auf die andere Seite, bück dich und geh unter dem Führstick durch. Nicht hinter das Pony treten.

3. Geh vorne um das Pony herum und lass den Gurt langsam herunter. Geh dann wieder auf die linke Seite.

Benütz die ersten beiden Strippen.

4. Jetzt nimm das Gurtende, führ es unter dem Bauch des Ponys durch und befestige es an den Strippen unter dem linken Sattelblatt.

Halt deine Hand flach.

5. Greif mit deiner Hand unter den Gurt und vergewissere dich, dass die Haut des Ponys nicht eingezwickt ist. Prüf dies auf beiden Seiten.

Richtig aufzäumen

Zügel

Kehlriemen

Nasenriemen

Gebiss

Öffne das Halfter links oben.

Steck deine Finger nicht ins Ponymaul.

1. Schau als Erstes nach, ob Kehl- und Nasenriemen offen sind. Alle andern Schnallen bleiben geschlossen.

2. Geh auf die linke Ponyseite. Streif die Zügel über den Kopf und leg sie auf den Hals. Streif das Halfter ab und zieh erst dann das Zaumzeug an.

3. Leg das Gebiss in deine linke Hand. Drück den linken Daumen gegen die Ecke des Ponymaules und lass das Gebiss vorsichtig hineingleiten.

Schieb die Ohren vorsichtig hindurch.

Schnalle

4. Nun zieh das Kopfstück über die Ohren des Ponys. Ordne die Mähnenhaare unter dem Zaumzeug.

5. Dann schließ die Schnalle des Kehlriemens. Zwischen Kehlriemen und Pony soll noch eine ganze Handbreit Luft sein, so wie hier.

6. Schließ zuletzt den Nasenriemen. Zwei Finger sollen hier noch Platz haben.

Absatteln

Führ dein Pony zum Absatteln und Abzäumen in den Stall an die dafür vorgesehene Stelle oder in seine Box. Hab das Halfter in Reichweite.

Abzäumen

Kehlriemen-schnalle

Nasenriemenschnalle

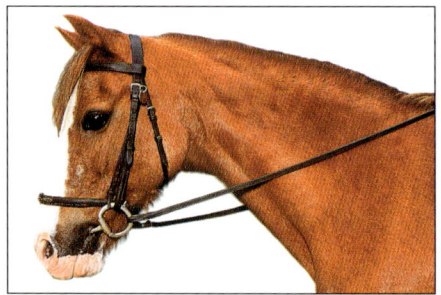

Wenn du dein Pony im Stall alleine lässt, leg die Zügel über den Hals, lass sie nicht nach unten hängen.

1. Stell dich wieder links neben dein Pony. Öffne zuerst den Nasenriemen am Kinn, dann den Kehlriemen.

2. Nun heb das Zaumzeug oben etwas an und schieb es vorsichtig über die Ohren. Leg deine linke Hand auf die Nase des Ponys. So nimmt es den Kopf nicht hoch.

Lass das Gebiss nicht gegen die Zähne stoßen. Das tut sehr weh.

Du kannst dein Pony am Zügel festhalten, falls es weglaufen möchte.

Heb die Zügel hoch über die Ponyohren.

3. Den rechten Arm unter dem Ponykopf durchführen. Nimm das Zaumzeug mit der rechten Hand und lass das Gebiss vorsichtig aus dem Maul gleiten.

4. Häng das Zaumzeug über deine Schulter, während du das Halfter überstreifst und befestigst (siehe Seite 25).

5. Zum Schluss ziehst du die Zügel über den Kopf des Ponys. Leg sie über deine Schultern, während du das Pony anbindest.

Absatteln

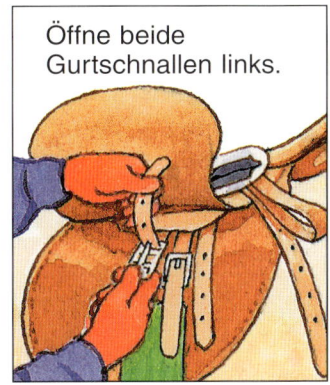

Öffne beide Gurtschnallen links.

1. Heb zuerst das linke Sattelblatt hoch und fang an den Gurt zu lösen.

2. Halt den Gurt fest, damit er nicht gegen die Beine des Ponys schlägt. Lass ihn vorsichtig runter, bis er ruhig herabhängt.

3. Nun geh vorne um das Pony herum und leg den Sattelgurt über den Sattel.

4. Geh dann wieder vorn ums Pony herum an seine linke Seite und zieh den Sattel vom Ponyrücken.

Das Aufräumen von Sattel und Zaumzeug

Vergiss nicht, Sattel und Zaumzeug aufzuräumen und aufzuhängen. Dafür gibt es eine spezielle Sattelkammer.

Sättel gehören auf Sattelhalter. Zaumzeuge hängen auf kleinen, runden Haltern.

Zum Tragen kannst du dir den Zaum über die Schulter hängen wie eine Tasche. Nimm den Sattel mit beiden Händen und halte ihn gegen deine Brust.

In der Sattelkammer findest du alles, was zum Reiten gehört.

Sattel und Zaumzeug immer reinigen und einfetten. Sie halten so viel länger.

Wenn du den Sattel für einen Moment absetzen musst, stell ihn behutsam auf, so wie hier.

Sachregister

Absatteln 30, 31
Absteigen 14
Abwenden 11
Anbinden 25
Anhalten 10
Anreiten 10
Aufsteigen 4, 5
Ausreiten 22

Bürsten 26, 27

Farben 3
Führen 15
Füttern 24

Galoppieren 18, 19
Gebiss (Trense) 2, 9, 10, 29, 30
Gleichgewicht 7, 8, 20
Graszügel 22

Halfter 25, 29, 30
Halsriemen 2, 6, 8
Hufkratzer 26
Hufschlagfiguren 16

Leichter Sitz 20
Leichttraben 12
Longe 9

Pflege 25, 26
Ponys einfangen 25

Reiterspiele 23
Reitgerte 16
Reitkleidung 2, 17

Sattel 2, 13, 28, 30, 31
Schritt 8, 13
Schule 9
Spiele 11, 15, 23
Springen 20, 21
Ställe 24

Steigbügel 2, 4, 6
einstellen 7
hochschieben 14

Traben 12, 13, 19

Zaumzeug 2, 28, 29, 30, 31
Zügel 2, 6, 30
halten 4, 5, 9, 15
knoten 6
verkürzen 10

Elisabeth Boettcher und Fred Huber führen eine individuelle Reitschule in Rottach-Egern am Tegernsee. Reiten für Kinder steht dort im Vordergrund. Ihr Hauptanliegen ist eine solide und korrekte Ausbildung ohne Zeitdruck „rund um's Pferd". Da die Kinder oft noch sehr klein sind, kommen hier gut ausgebildete Ponys neben Großpferden zum Einsatz.

© Für die deutsche Ausgabe
Lentz-Verlag in der F.A. Herbig Verlagsbuchhandlung GmbH, München 1993, 1998
© 1997, 1992 Usborne Publishing Ltd., London
Titel der Originalausgabe: Starting Riding
Entworfen von Joe Pedley
Beratung: Jane Pidcock B.H.S.A.I.

Verbreitungsrecht der lizensierten deutschen Ausgabe
Franckh-Kosmos Verlags-GmbH & Co., Stuttgart 1999
ISBN 3-440-07777-2
Lektorat: Ellen von Döring und Claudia Schuller
Printed in Belgium/Imprimé en Belgique
Umschlaggestaltung: Atelier Reichert, Stuttgart
Umschlagfoto: Sorrel, Ebersbach
Satz und Herstellung: Die Herstellung, Stuttgart

Die Deutsche Bibliothek - CIP Einheitsaufnahme

Ich lerne reiten / Helen Edom und Lesley Sims.
Gezeichnet von Norman Young. Fotos von Kit Houghton. Ins Dt. übertr. von Elisabeth Boettcher und Fred Huber. - Stuttgart : Kosmos, 1999
Einheitssachtt.: Starting riding <dt.>
ISBN 3-440-07777-2